okul - school	2
seyahat - reis	5
ulaşım - transport	8
şehir - stad	10
arazi - landschap	14
restoran - restaurant	17
süpermarket - supermarkt	20
içecekler - dranken	22
yemek - eten	23
çiftlik - boerderij	27
ev - huis	31
oturma odası - woonkamer	33
mutfak - keuken	35
banyo - badkamer	38
çocuk odası - kinderkamer	42
kıyafet - kleding	44
ofis - kantoor	49
ekonomi - economie	51
meslekler - beroepen	53
aletler - gereedschap	56
müzik enstrümanı - muziekinstrumenten	57
hayvanat bahçesi - dierentuin	59
sporlar - sport	62
etkinlikler - activiteiten	63
aile - familie	67
vücut - lichaam	68
hastane - ziekenhuis	72
acil - noodgeval	76
dünya - aarde	77
saat - klok	79
hafta - week	80
yıl - jaar	81
şekiller - vormen	83
renkler - kleuren	84
zıt anlamlılar - tegenstellingen	85
sayılar - getallen	88
diller - talen	90
kim / ne / nasıl - wie / wat / hoe	91
nerede - waar	92

AF188315

Impressum
Verlag: BABADADA GmbH, Nedderfeld 112 , 22529 Hamburg
Geschäftsführer / Verlagsleitung: Harald Hof
Druck: Books on Demand GmbH, In de Tarpen 42, 22848 Norderstedt

Imprint
Publisher: BABADADA GmbH, Nedderfeld 112 , 22529 Hamburg, Germany
Managing Director / Publishing direction: Harald Hof
Print: Books on Demand GmbH, In de Tarpen 42, 22848 Norderstedt

okul

school

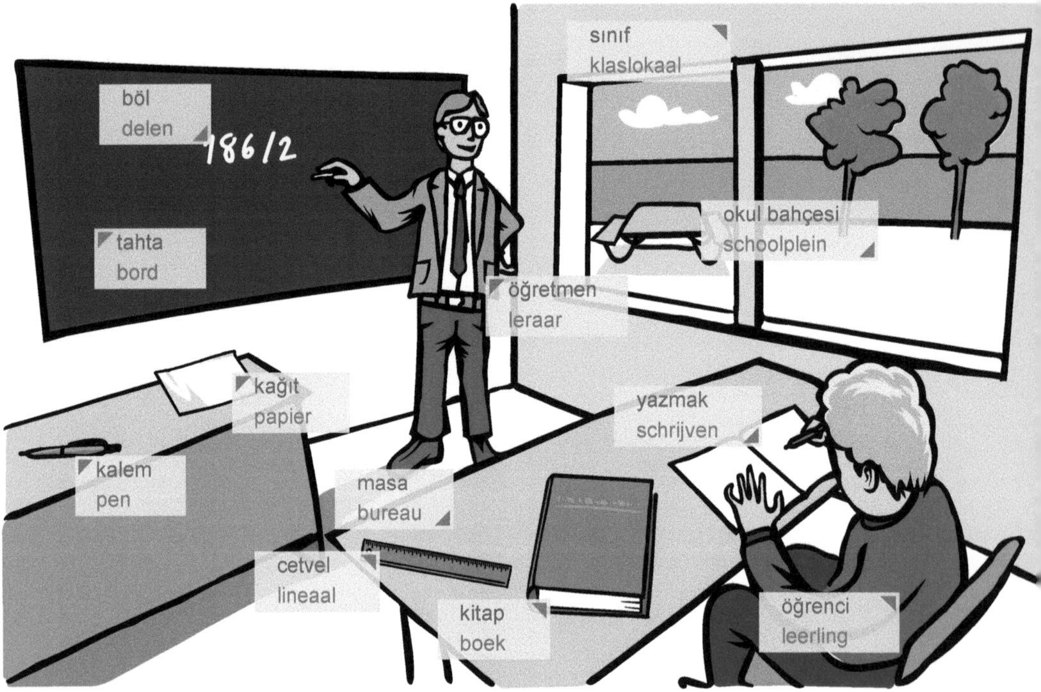
sınıf
klaslokaal
böl
delen
186/2
tahta
bord
okul bahçesi
schoolplein
öğretmen
leraar
kağıt
papier
yazmak
schrijven
kalem
pen
masa
bureau
cetvel
lineaal
kitap
boek
öğrenci
leerling

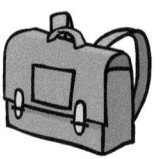

okul çantası

schooltas

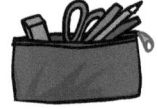

kalemlik

etui

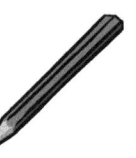

kurşun kalem

potlood

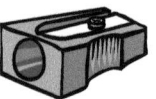

kalem açacağı

puntenslijper

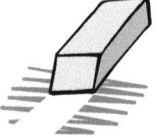

silgi

gum

çizim defteri

schetsblok

çizim

tekening

resim fırçası

penseel

boya kutusu

verfdoos

makas

schaar

tutkal

lijm

alıştırma kitabı

schrift

ödev

huiswerk

12

sayı

getal

2+2

ekle

optellen

5-2

çıkar

aftrekken

2×2

çarp

vermenigvuldigen

hesapla

rekenen

A

harf

letter

ABCDEFG HIJKLMN OPQRSTU VWXYZ

alfabe

alfabet

kelime

woord

metin

tekst

okumak

lezen

tebeşir

krijt

ders

les

kayıt

klassenboek

sınav

examen

sertifika

diploma

okul forması

schooluniform

eğitim

opleiding

ansiklopedi

encyclopedie

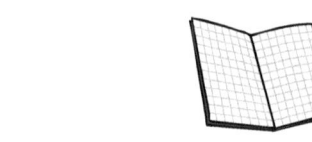

üniversite

universiteit

mikroskop

microscoop

harita

kaart

kağıt çöp kutusu

prullenmand

okul - school

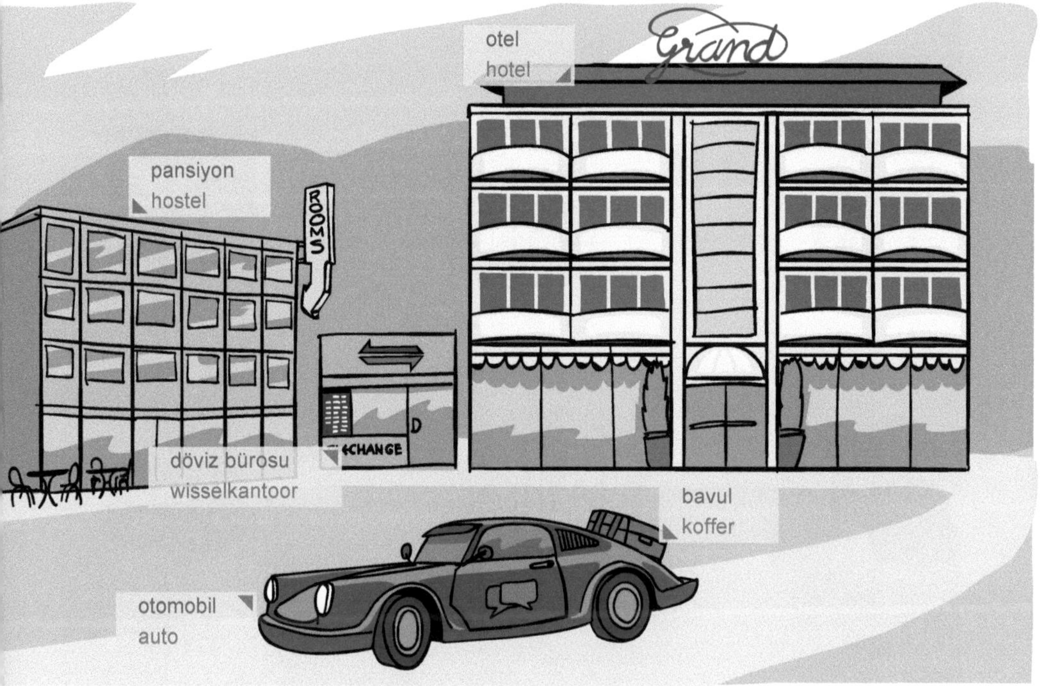

otel
hotel
pansiyon
hostel
ROOMS
CHANGE
döviz bürosu
wisselkantoor
bavul
koffer
otomobil
auto

dil

taal

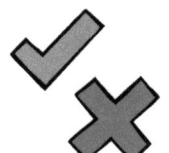

evet / hayır

ja / nee

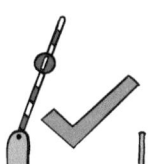

Tamam

oké

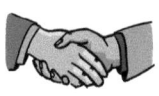

merhaba

Hallo!

çevirmen

tolk

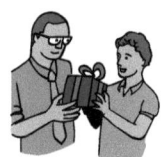

Teşekkür ederim

Bedankt.

bu ... ne kadar?

Wat kost ...?

anlamadım

Ik begrijp het niet.

problem

probleem

İyi akşamlar!

Goedenavond!

Günaydın!

Goedemorgen!

İyi geceler!

Goedenacht!

güle güle

Tot ziens!

yön

richting

bagaj

bagage

çanta

tas

sırt çantası

rugzak

misafir

gast

oda

kamer

uyku tulumu

slaapzak

çadır

tent

turist danışma

VVV-kantoor

sahil

strand

kredi kartı

creditkaart

kahvaltı

ontbijt

öğle yemeği

lunch

akşam yemeği

diner

Bilet

kaartje

asansör

lift

pul

postzegel

sınır

grens

gümrük

douane

elçilik

ambassade

vize

visum

pasaport

paspoort

ulaşım

transport

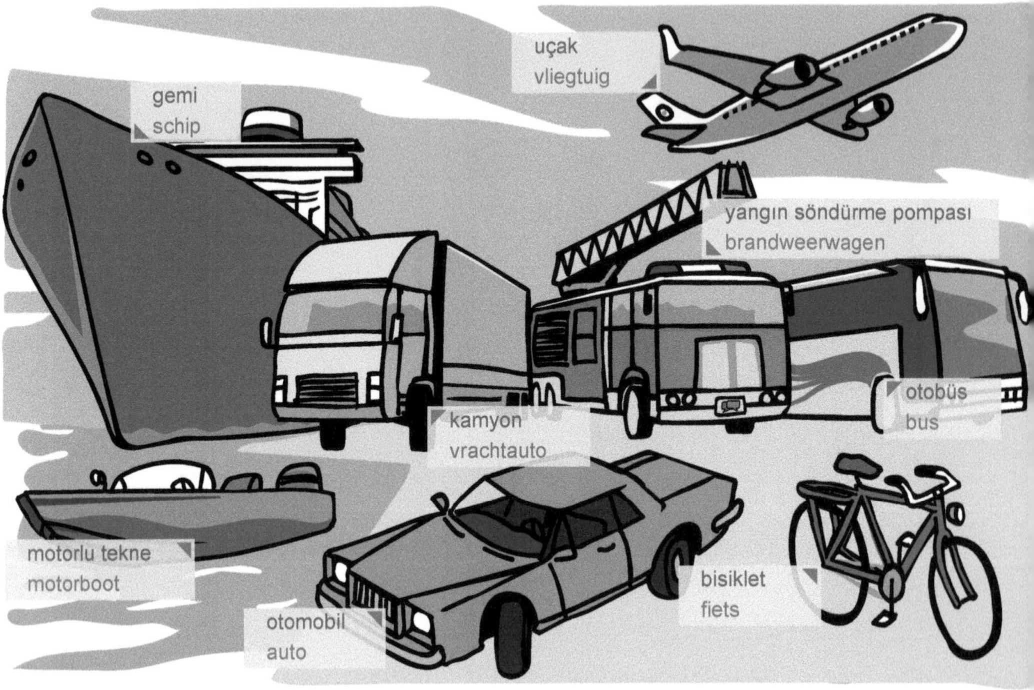

uçak
vliegtuig
gemi
schip
yangın söndürme pompası
brandweerwagen
otobüs
bus
kamyon
vrachtauto
motorlu tekne
motorboot
bisiklet
fiets
otomobil
auto

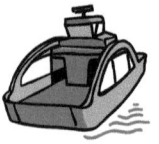

feribot

veerboot

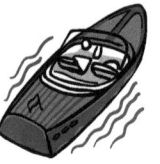

bot

boot

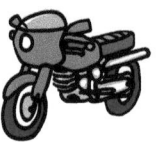

motosiklet

motorfiets

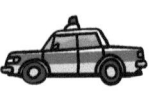

polis arabası

politiewagen

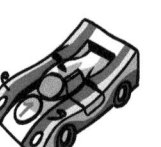

yarış arabası

raceauto

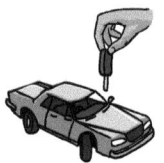

kiralık araba

huurauto

ortak araba

carsharing

çekici

takelwagen

çöp kamyonu

vuilniswagen

motor

motor

yakıt

benzine

benzinlik

benzinepomp

trafik işareti

verkeersbord

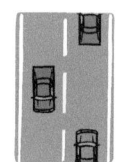

trafik

verkeer

trafik sıkışıklığı

file

otopark

parkeerplaats

tren istasyonu

station

ray

rails

tren

trein

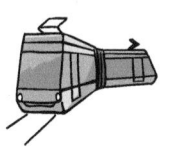

tramvay

tram

vagon

wagon

ulaşım - transport

9

helikopter

helikopter

havaalanı

luchthaven

kule

toren

yolcu

passagier

konteyner

container

koli

verhuisdoos

yük arabası

kar

sepet

mand

kalkış / iniş

opstijgen / landen

şehir

stad

köy

dorp

şehir merkezi

stadscentrum

ev

huis

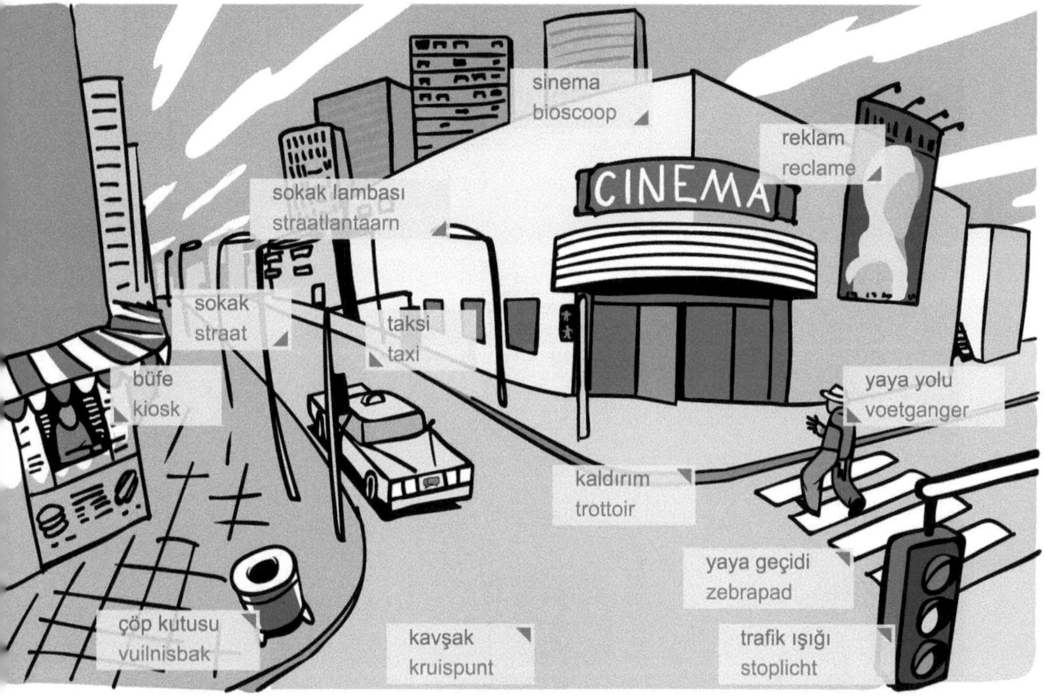

sinema
bioscoop

reklam
reclame

sokak lambası
straatlantaarn

CINEMA

sokak
straat

taksi
taxi

büfe
kiosk

yaya yolu
voetganger

kaldırım
trottoir

yaya geçidi
zebrapad

çöp kutusu
vuilnisbak

kavşak
kruispunt

trafik ışığı
stoplicht

kulübe

hut

apartman dairesi

appartement

tren istasyonu

station

belediye binası

stadhuis

müze

museum

okul

school

üniversite

universiteit

banka

bank

hastane

ziekenhuis

otel

hotel

eczane

apotheek

ofis

kantoor

kitapçı

boekenwinkel

mağaza

winkel

çiçekçi

bloemenwinkel

süpermarket

supermarkt

market

markt

büyük mağaza

warenhuis

balık satıcısı

visboer

alışveriş merkezi

winkelcentrum

liman

haven

park
park

bank
bank

köprü
brug

merdiven
trap

metro
metro

tünel
tunnel

otobüs durağı
bushalte

bar
bar

restoran
restaurant

posta kutusu
brievenbus

sokak tabelası
straatnaambord

otopark sayacı
parkeermeter

hayvanat bahçesi
dierentuin

yüzme havuzu
zwembad

cami
moskee

çiftlik	kirlilik	mezarlık
boerderij	vervuiling	begraafplaats

kilise	oyun alanı	tapınak
kerk	speelplaats	tempel

arazi
landschap

![landschap illustration]

yaprak
blad

yön tabelası
wegwijzer

yol
weg

çayır
weide

taş
steen

ağaç
boom

yürüyüşçü
wandelaar

ırmak
rivier

çimen
gras

çiçek
bloem

vadi

vallei

tepe

berg

göl

meer

orman

bos

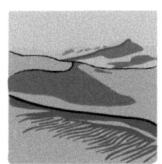

çöl

woestijn

volkan

vulkaan

kale

kasteel

gökkuşağı

regenboog

mantar

paddenstoel

palmiye

palmboom

sivrisinek

mug

sinek

vlieg

karınca

mier

arı

bij

örümcek

spin

böcek

kever

kurbağa

kikker

sincap

eekhoorn

kirpi

egel

yabani tavşan

haas

baykuş

uil

kuş

vogel

kuğu

zwaan

yaban domuzu

wild zwijn

geyik

hert

geyik

eland

baraj

stuwdam

rüzgar türbini

windmolen

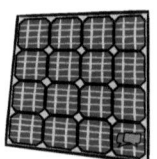

güneş paneli

zonnepaneel

iklim

klimaat

restoran
restaurant

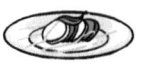

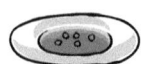

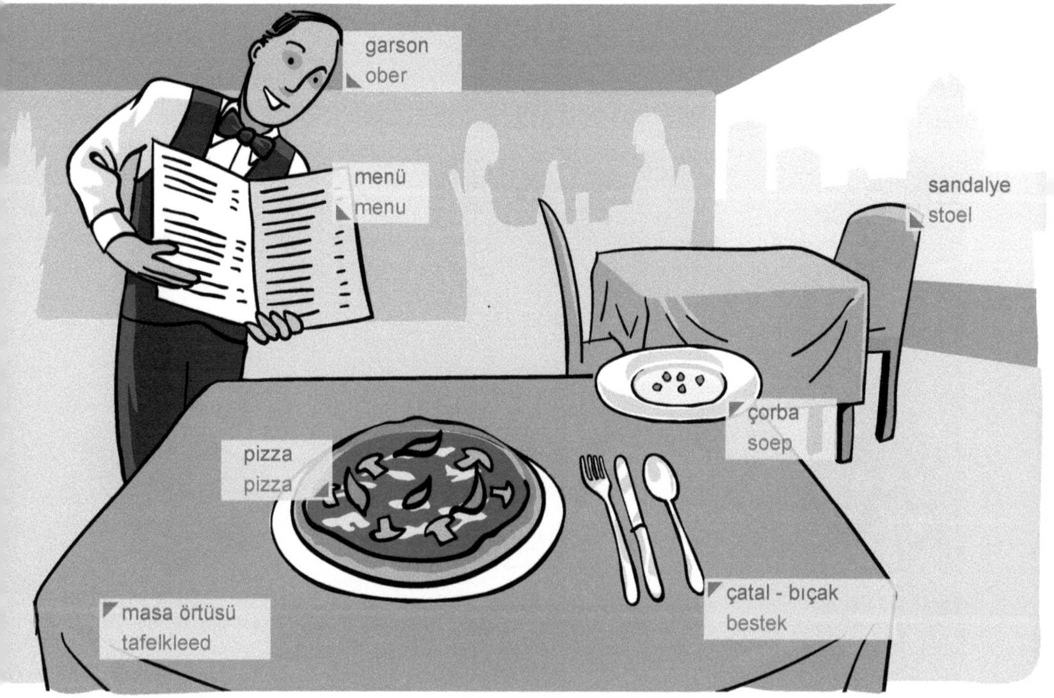
garson
ober
menü
menu
sandalye
stoel
çorba
soep
pizza
pizza
çatal - bıçak
bestek
masa örtüsü
tafelkleed

başlangıç

voorgerecht

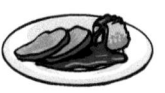

ana yemek

hoofdgerecht

tatlı

toetje

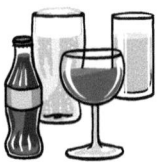

içecekler

dranken

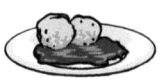

yemek

eten

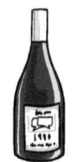

şişe

fles

fastfood
fastfood

sokak yemeği
eetkraampje

çaydanlık
theepot

şekerlik
suikerpot

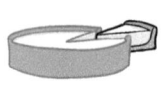

porsiyon
portie

espresso makinesi
espressomachine

mama sandalyesi
kinderstoel

fatura
rekening

tepsi
dienblad

bıçak
mes

çatal
vork

kaşık
lepel

çay kaşığı
theelepel

servis peçetesi
servet

bardak
glas

tabak

bord

çorba kasesi

soepbord

fincan altlığı

schotel

sos

saus

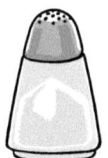

tuzluk

zoutvaatje

karabiber değirmeni

pepermolen

sirke

azijn

yağ

olie

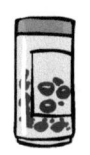

baharat

kruiden

ketçap

ketchup

hardal

mosterd

mayonez

mayonaise

süpermarket

supermarkt

özel teklif
aanbieding
FOR
müşteri
klant
süt ürünleri
zuivelproducten
meyve
fruit
alışveriş arabası
winkelwagen

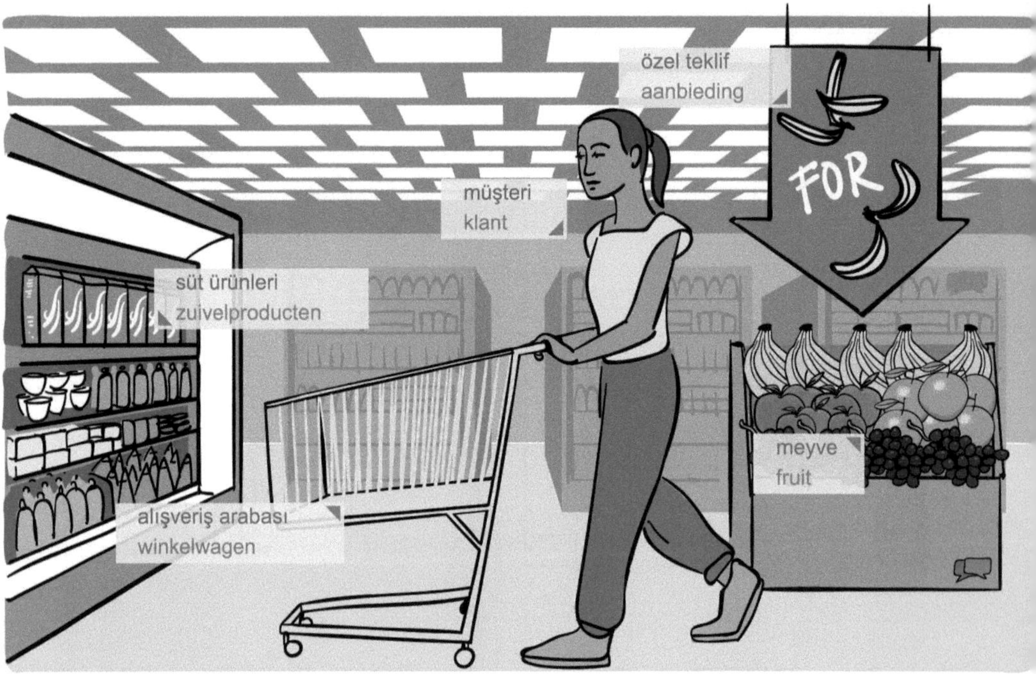

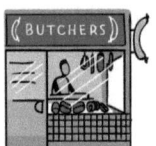

BUTCHERS

kasap

slager

BAKERY

fırın

bakkerij

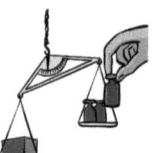

tartmak

wegen

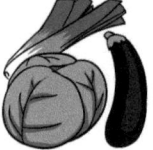

sebze

groente

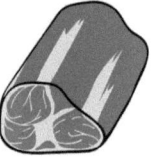

et

vlees

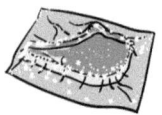

donmuş gıda

diepvriesproducten

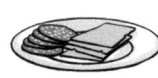

söğüş et

vleeswaren

konserve yiyecek

conserven

toz deterjan

wasmiddel

şekerlemeler

snoepgoed

ev temizlik ürünleri

huishoudelijke artikelen

temizlik ürünleri

schoonmaakmiddel

satış görevlisi

verkoopster

yazar kasa

kassa

kasiyer

kassier

alışveriş listesi

boodschappenlijstje

açılış saatleri

openingstijden

cüzdan

portefeuille

kredi kartı

creditkaart

çanta

tas

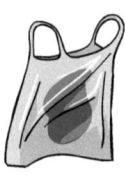

plastik poşet

plastic zak

su
water

meyve suyu
sap

süt
melk

kola
cola

şarap
wijn

bira
bier

alkol
alcohol

kakao
chocolademelk

çay
thee

kahve
koffie

espresso
espresso

kapuçino
cappuccino

muz

banaan

elma

appel

portakal

sinaasappel

kavun

watermeloen

limon

citroen

havuç

wortel

sarımsak

knoflook

bambu

bamboe

soğan

ui

mantar

paddenstoel

çerez

noten

makarna

pasta

spagetti

spaghetti

pirinç

rijst

salata

salade

cips

friet

patates kızartması

gebakken aardappelen

pizza

pizza

hamburger

hamburger

sandviç

sandwich

şinitzel

schnitzel

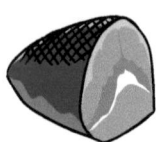

pastırma

ham

salam

salami

sosis

worst

tavuk

kip

rosto

gebraad

balık

vis

yulaf ezmesi

havermout

müsli

muesli

mısır gevreği

cornflakes

un

meel

kruvasan

croissant

küçük ekmek

broodjes

ekmek

brood

tost

toast

bisküvi

koekjes

tereyağı

boter

kaymak

kwark

kek

taart

yumurta

ei

sahanda yumurta

gebakken ei

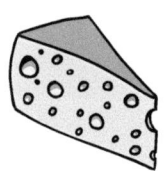

peynir

kaas

dondurma
ijs

şeker
suiker

bal
honing

reçel
jam

fındık ezmesi
chocoladepasta

köri
kerrie

yemek - eten

çiftlik
boerderij

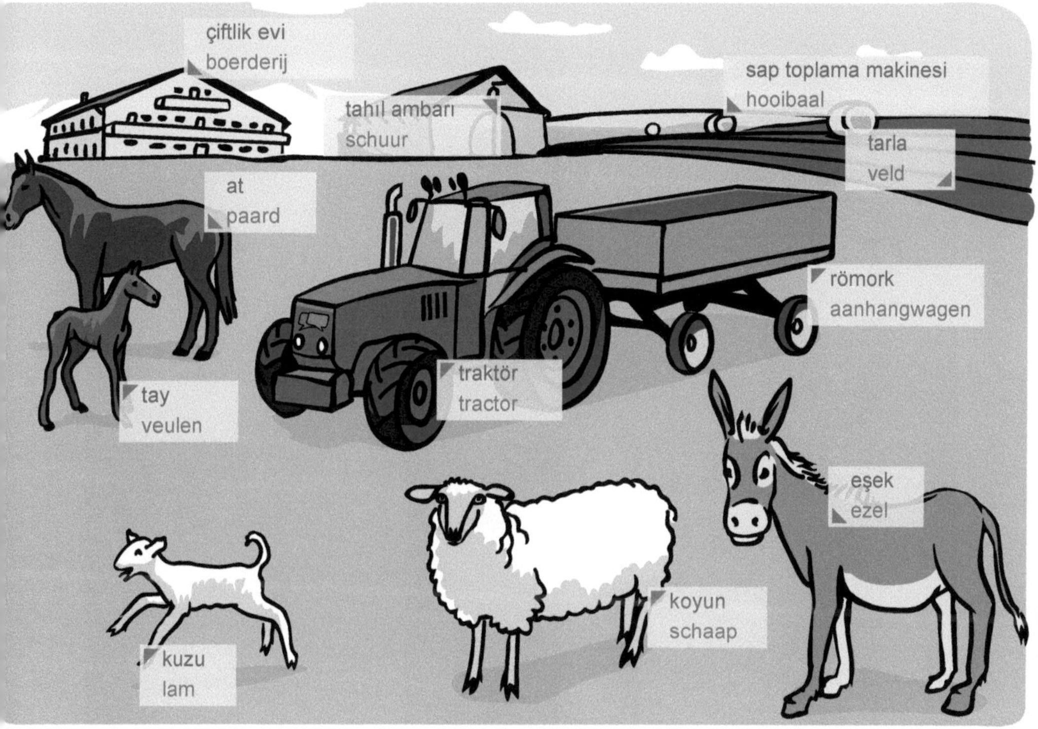

çiftlik evi
boerderij
tahıl ambarı
schuur
sap toplama makinesi
hooibaal
tarla
veld
at
paard
römork
aanhangwagen
traktör
tractor
tay
veulen
eşek
ezel
koyun
schaap
kuzu
lam

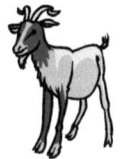

keçi
geit

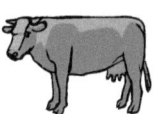

inek
koe

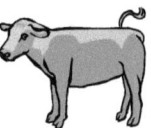

buzağı
kalf

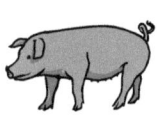

domuz
varken

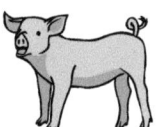

domuz yavrusu
big

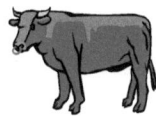

boğa
stier

kaz

gans

ördek

eend

civciv

kuiken

tavuk

kip

horoz

haan

sıçan

rat

kedi

kat

fare

muis

öküz

os

köpek

hond

köpek kulübesi

hondenhok

bahçe hortumu

tuinslang

sulama kabı

gieter

tırpan

zeis

pulluk

ploeg

orak

sikkel

çapa

schoffel

dirgen

hooivork

balta

bijl

el arabası

kruiwagen

yemlik

trog

süt kovası

melkbus

çuval

zak

çit

hek

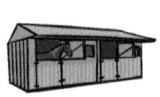

ahır

stal

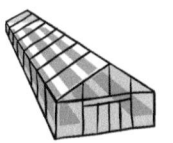

sera

broeikas

toprak

grond

tohum

zaad

gübre

mest

biçerdöver

maaidorser

hasat etmek

oogsten

harman

oogst

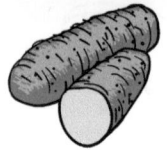

tatlı patates

yam

buğday

tarwe

soya

soja

patates

aardappel

mısır

maïs

kolza

koolzaad

meyve ağacı

fruitboom

manyok

maniok

hububat

granen

ev
huis

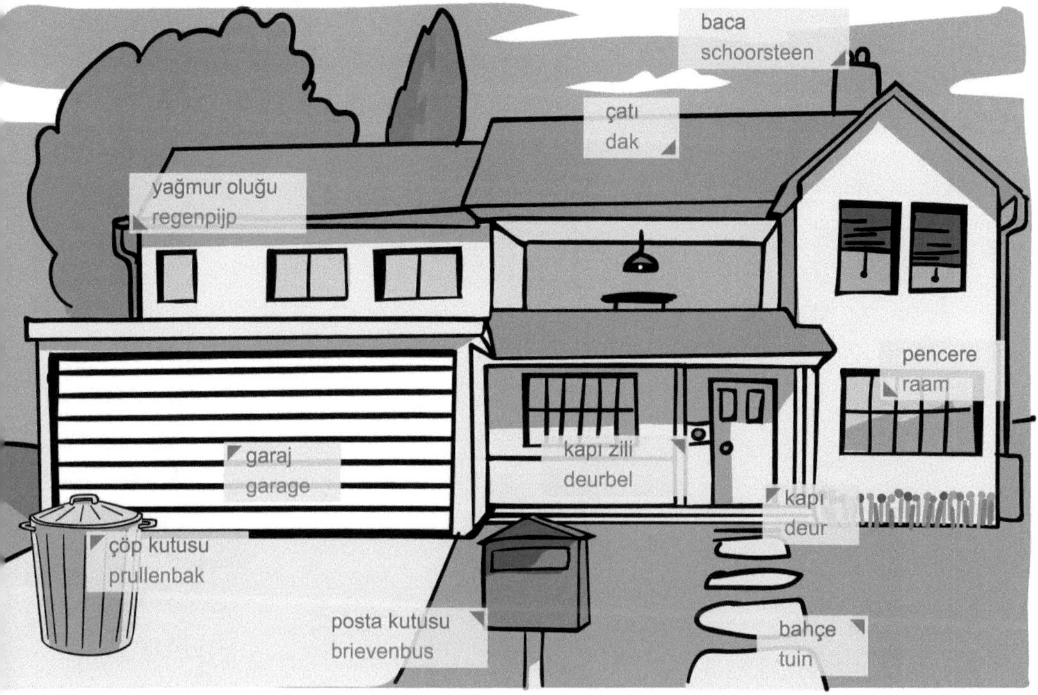
baca
schoorsteen
çatı
dak
yağmur oluğu
regenpijp
pencere
raam
garaj
garage
kapı zili
deurbel
kapı
deur
çöp kutusu
prullenbak
posta kutusu
brievenbus
bahçe
tuin

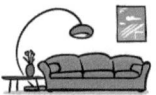

oturma odası

woonkamer

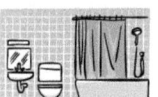

banyo

badkamer

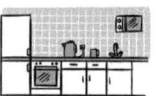

mutfak

keuken

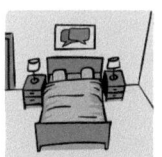

yatak odası

slaapkamer

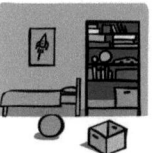

çocuk odası

kinderkamer

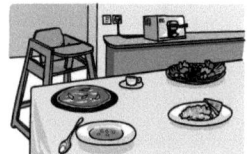

yemek odası

eetkamer

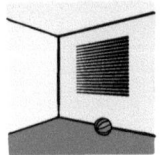

zemin

vloer

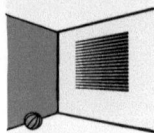

duvar

muur

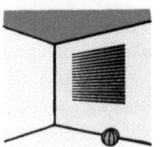

tavan

plafond

kiler

kelder

sauna

sauna

balkon

balkon

teras

terras

havuz

zwembad

çim biçme makinesi

grasmaaier

çarşaf

laken

yatak örtüsü

bedsprei

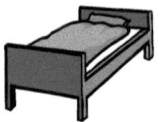

yatak

bed

süpürge

bezem

kova

emmer

anahtar

schakelaar

oturma odası
woonkamer

duvar kağıdı
behang
resim
foto
lamba
lamp
raf
plank
dolap
kast
televizyon
televisie
şömine
open haard
çiçek
bloem
minder
kussen
kanepe
bankstel
vazo
vaas
uzaktan kumanda
afstandsbediening

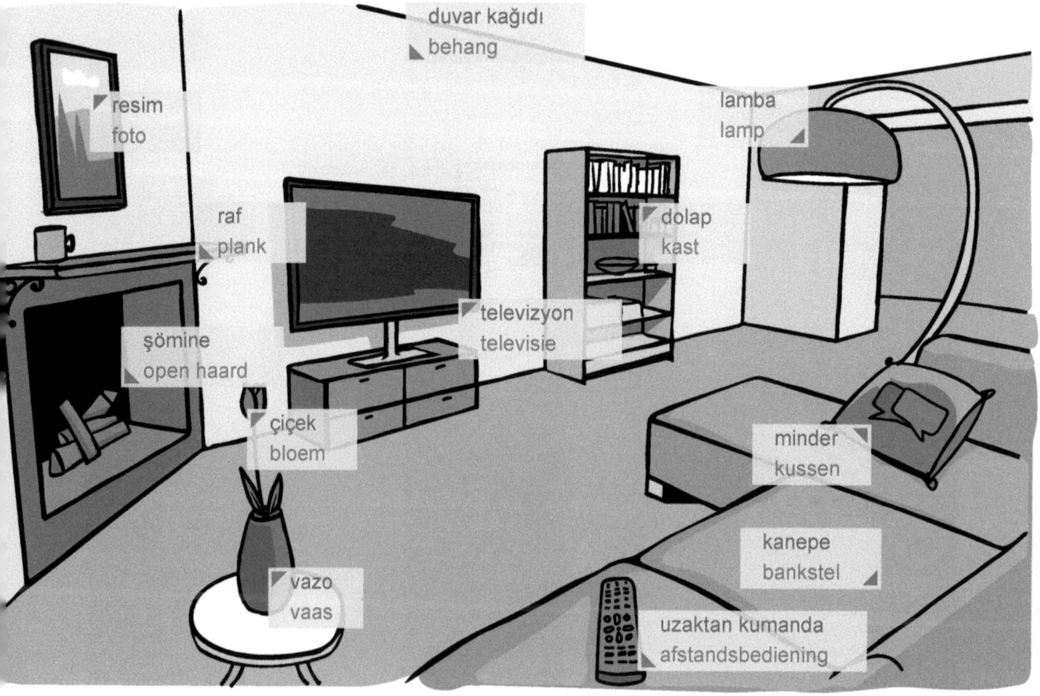

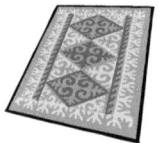

halı
tapijt

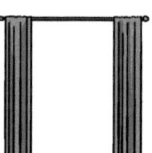

perde
gordijn

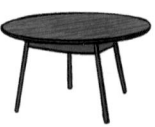

masa
tafel

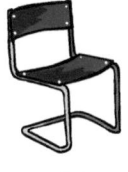

sandalye
stoel

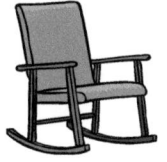

salıncaklı koltuk
schommelstoel

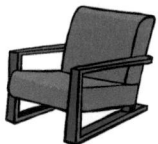

koltuk
stoel

kitap
boek

battaniye
deken

dekor
decoratie

odun
brandhout

film
film

hi-fi
stereo-installatie

anahtar
sleutel

gazete
krant

tablo
schilderij

poster
poster

radyo
radio

defter
kladblok

elektrikli süpürge
stofzuiger

kaktüs
cactus

mum
kaars

mutfak
keuken

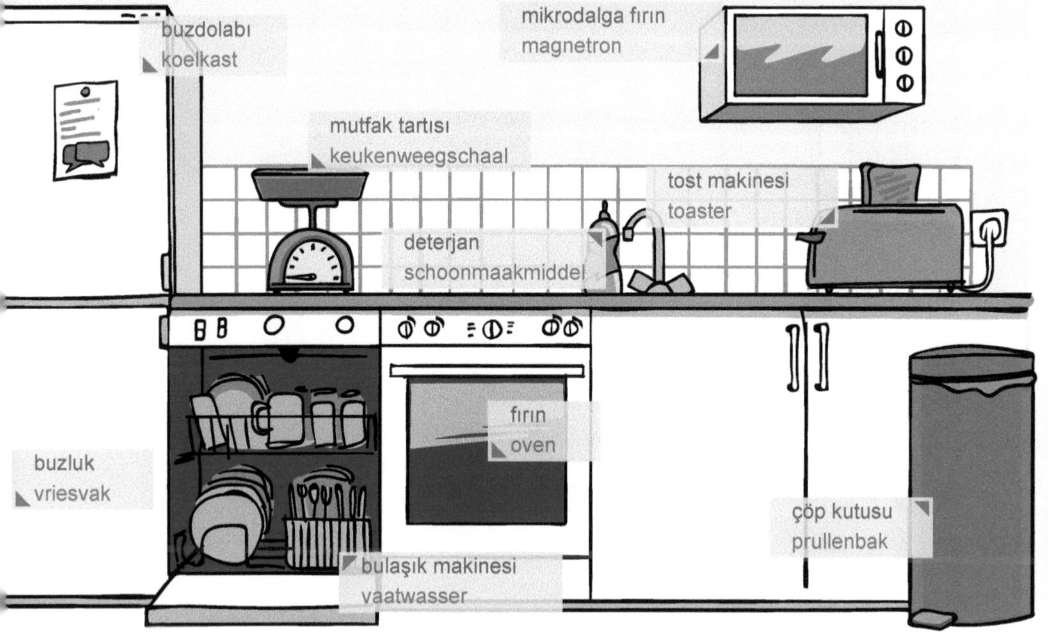

buzdolabı
koelkast
mikrodalga fırın
magnetron
mutfak tartısı
keukenweegschaal
tost makinesi
toaster
deterjan
schoonmaakmiddel
fırın
oven
buzluk
vriesvak
çöp kutusu
prullenbak
bulaşık makinesi
vaatwasser

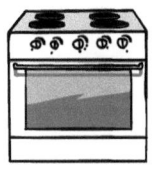

ocak

fornuis

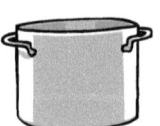

tencere

pan

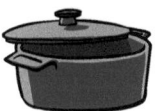

döküm tencere

gietijzeren pan

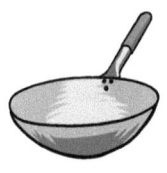

wok

wok / kadai

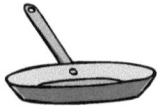

tava

koekenpan

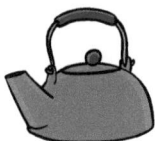

su ısıtıcı

ketel

buharlı pişirici	pişirme tepsisi	tabak takımı
stoomkoker	bakplaat	servies

kupa	kase	çubuk (çin yemeği)
beker	kom	eetstokjes

kepçe	spatula	çırpma teli
soeplepel	spatel	garde

süzgeç	elek	rende
vergiet	zeef	rasp

havan	barbekü	açık ateş
vijzel	barbecue	vuurhaard

kesme tahtası

snijplank

merdane

deegroller

tirbüşon

kurkentrekker

konserve kutusu

blik

konserve açacağı

blikopener

fırın eldiveni

pannenlap

evye

wasbak

fırça

borstel

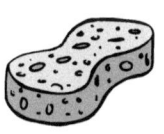

sünger

spons

blender

blender

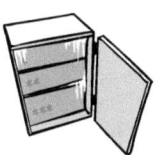

derin dondurucu

vriezer

biberon

babyflesje

musluk

kraan

banyo
badkamer

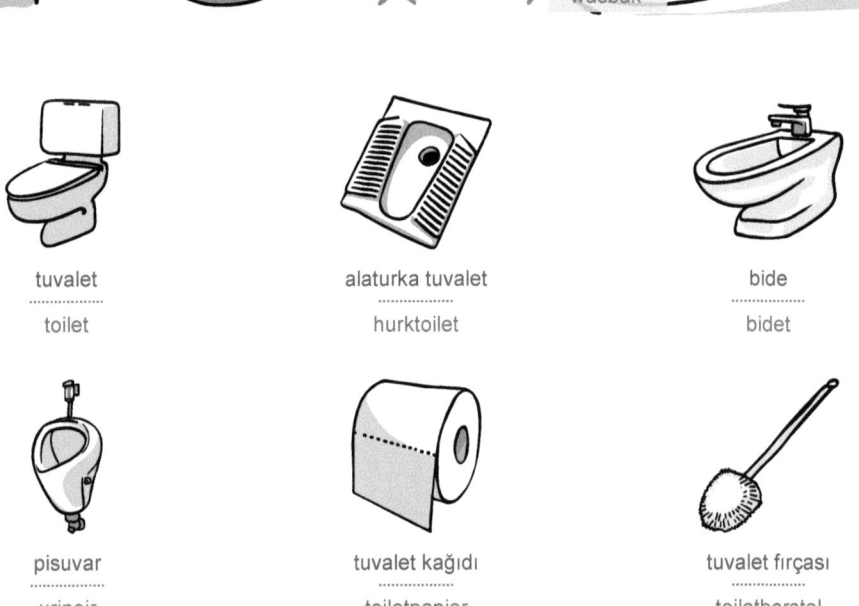

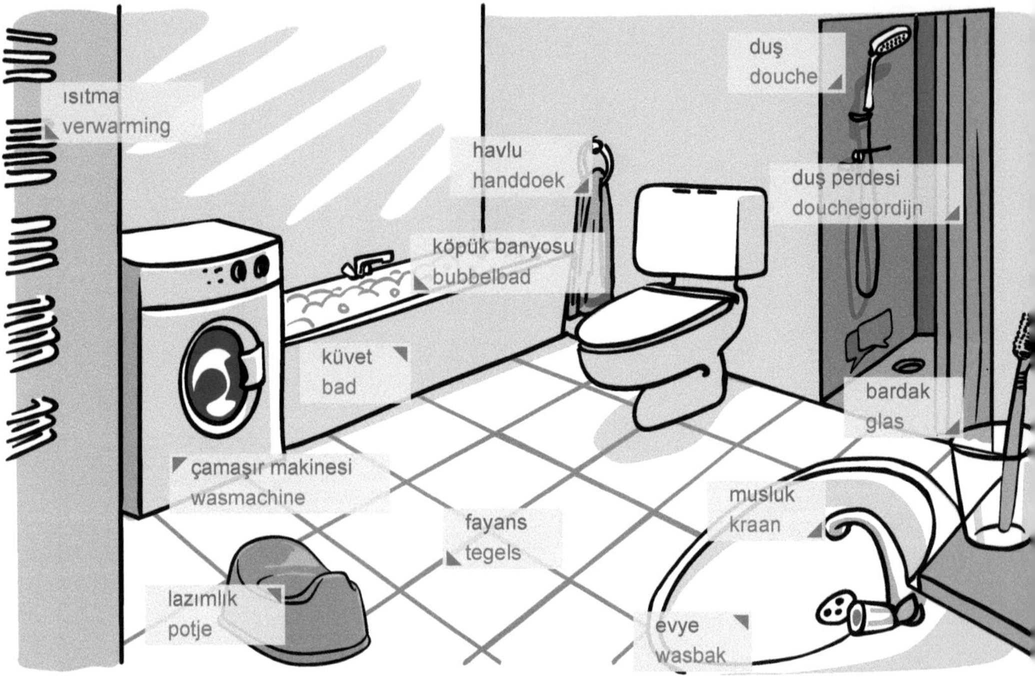

ısıtma
verwarming
havlu
handdoek
duş
douche
duş perdesi
douchegordijn
köpük banyosu
bubbelbad
küvet
bad
bardak
glas
çamaşır makinesi
wasmachine
musluk
kraan
fayans
tegels
lazımlık
potje
evye
wasbak

tuvalet

toilet

alaturka tuvalet

hurktoilet

bide

bidet

pisuvar

urinoir

tuvalet kağıdı

toiletpapier

tuvalet fırçası

toiletborstel

diş fırçası

tandenborstel

diş macunu

tandpasta

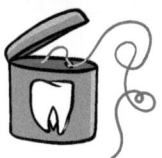

diş ipi

flosdraad

yıkamak

wassen

duş başlığı

handdouche

duş başlığı şeklinde taharet musluğu

toiletdouche

küvet

waskom

banyo fırçası

rugborstel

sabun

zeep

duş jeli

douchegel

şampuan

shampoo

banyo lifi

washanje

gider

afvoer

krem

creme

deodorant

deodorant

ayna

spiegel

el aynası

make-upspiegel

jilet

scheermes

tıraş köpüğü

scheerschuim

tıraş losyonu

aftershave

tarak

kam

fırça

borstel

saç kurutma makinesi

haardroger

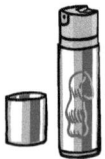

saç spreyi

haarspray

makyaj

make-up

ruj

lippenstift

tırnak cilası

nagellak

pamuk

watten

tırnak makası

nagelschaartje

parfüm

parfum

makyaj çantası

toilettas

tabure

kruk

tartı

weegschaal

bornoz

badjas

lastik eldiven

rubber handschoenen

tampon

tampon

kadın pedi

maandverband

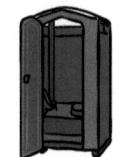

kimyevi tuvalet

chemisch toilet

çocuk odası

kinderkamer

çalar saat
wekker
peluş oyuncak
knuffeldier
oyuncak araba
speelgoedauto
çıngırak
rammelaar
bebek evi
poppenhuis
hediye
cadeau

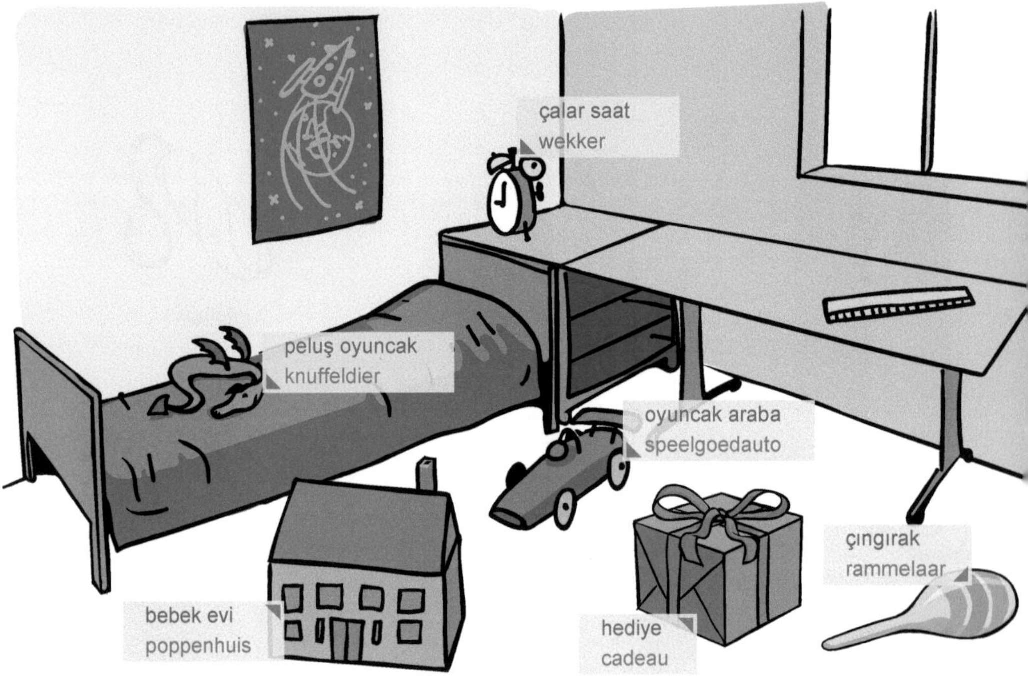

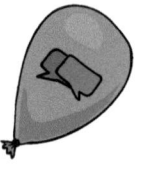

balon

ballon

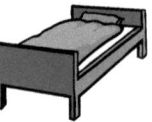

yatak

bed

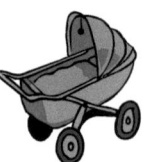

bebek arabası

kinderwagen

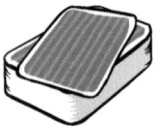

kart destesi

kaartspel

yapboz

puzzel

SUPER
MEGA

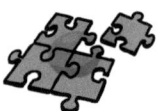

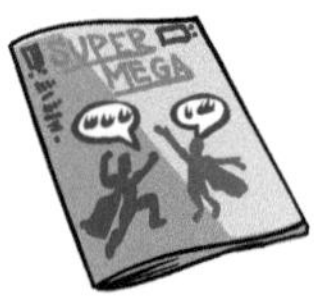

çizgi roman

stripverhaal

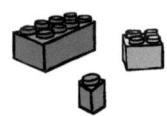

lego tuğlaları

legostenen

lego blokları

speelgoedblokken

aksiyon figürü

actiefiguurtje

zıbın

romper

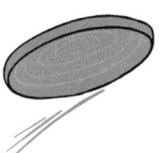

frizbi

frisbee

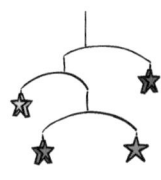

dönence

mobile

masa oyunu

bordspel

zar

dobbelsteen

model tren seti

modeltrein

emzik

speen

parti

feestje

resimli kitap

prentenboek

top

bal

oyuncak bebek

pop

oynamak

spelen

kum havuzu

zandbak

salıncak

schommel

oyuncaklar

speelgoed

video oyun konsolu

spelcomputer

üç tekerlekli bisiklet

driewieler

oyuncak ayı

teddybeer

gardırop

kleerkast

kıyafet
kleding

çorap

sokken

külotlu çorap

kousen

tayt

panty

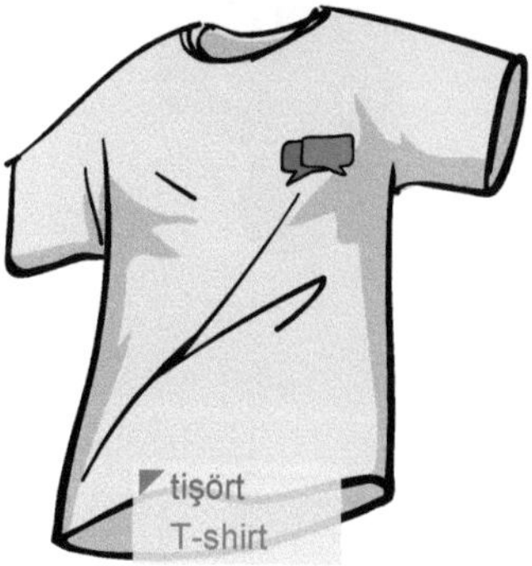

eşarp
sjaal

kemer
riem

şemsiye
paraplu

tişört
T-shirt

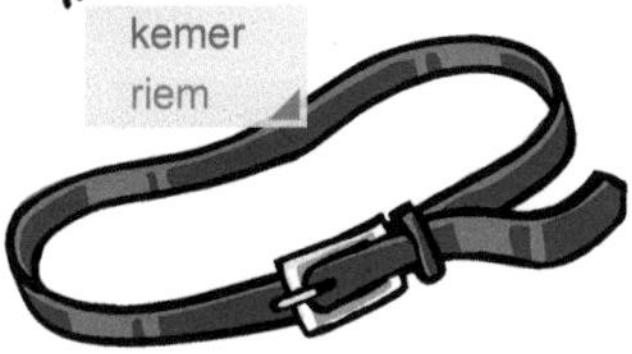

bot
laarzen

terlik
pantoffels

spor ayakkabı
sportschoenen

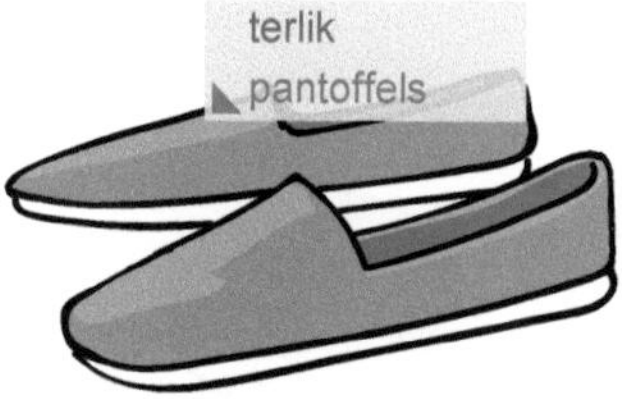

sandalet

sandalen

ayakkabı

schoenen

lastik çizme

rubberlaarzen

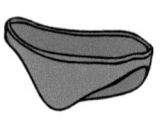

külot

onderbroek

sütyen

beha

yelek

onderhemd

kıyafet - kleding

dar bluz

body

pantolon

broek

kot pantolon

spijkerbroek

etek

rok

bluz

blouse

gömlek

overhemd

kazak

trui

süveter

hoody

blazer

blazer

ceket

jas

mont

mantel

yağmurluk

regenjas

kostüm

kostuum

elbise

jurk

gelinlik

trouwjurk

takım elbise

pak

gecelik

nachthemd

pijama

pyjama

sari

sari

baş örtüsü

hoofddoek

türban

tulband

burka

boerka

kaftan

kaftan

çarşaf

abaja

mayo

zwempak

erkek mayosu

zwembroek

şort

korte broek

eşofman

trainingspak

önlük

schort

eldiven

handschoenen

düğme
knoop

gözlük
bril

bilezik
armband

kolye
ketting

yüzük
ring

küpe
oorbel

kep
pet

portmanto
kledinghanger

şapka
hoed

kravat
stropdas

fermuar
rits

kask
helm

pantolon askısı
bretels

okul forması
schooluniform

üniforma
uniform

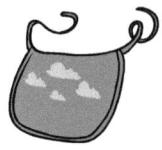

mama önlüğü

slabbetje

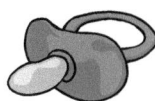

emzik

speen

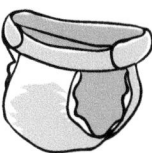

bebek bezi

luier

ofis
kantoor

sunucu
server
dosya dolabı
archiefkast
yazıcı
printer
kağıt
papier
monitör
beeldscherm
fare
muis
masa
bureau
klasör
map
klavye
toetsenbord
kağıt çöp kutusu
prullenmand
bilgisayar
computer
sandalye
stoel

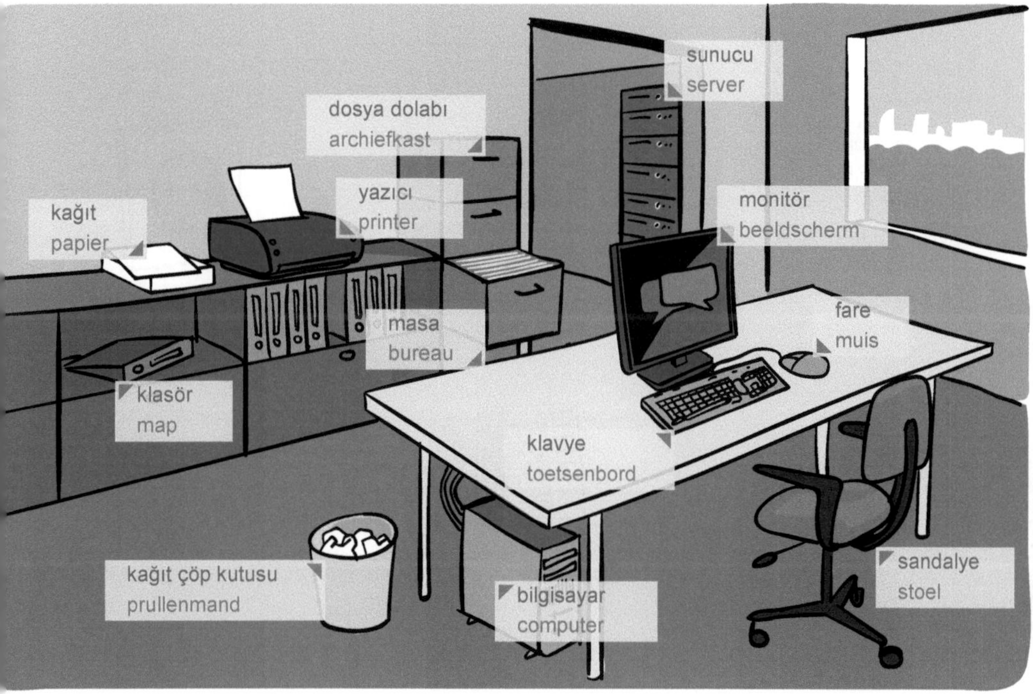

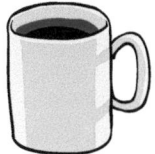

kahve fincanı

koffiemok

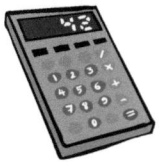

hesap makinesi

rekenmachine

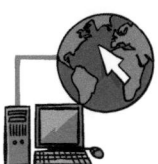

internet

internet

dizüstü
laptop

mektup
brief

mesaj
bericht

cep telefonu
mobiele telefoon

ağ
netwerk

fotokopi makinesi
kopieermachine

yazılım
software

telefon
telefoon

priz
stopcontact

faks makinesi
fax

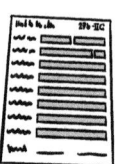

form
formulier

belge
document

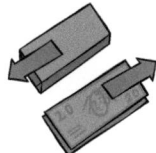

satın almak
kopen

ödemek
betalen

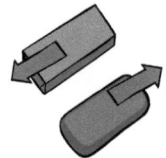

ticaret yapmak
handel drijven

para
geld

dolar
dollar

avro
euro

yen
yen

ruble
roebel

İsviçre frangı
Zwitserse frank

Çin yuanı
renminbi yuan

rupi
roepie

kasa
geldautomaat

döviz bürosu

wisselkantoor

altın

goud

gümüş

zilver

petrol

olie

enerji

energie

fiyat

prijs

kontrat

contract

vergi

belasting

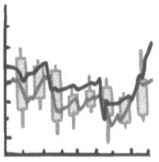

menkul değer

aandeel

çalışmak

werken

işveren

werknemer

işçi

werkgever

fabrika

fabriek

mağaza

winkel

polis memuru
politieagent

itfaiyeci
brandweerman

aşçı
kok

doktor
dokter

pilot
piloot

bahçıvan

tuinman

marangoz

timmerman

terzi

naaister

hakim

rechter

kimyager

scheikundige

aktör

toneelspeler

otobüs şoförü

buschauffeur

taksi şoförü

taxichauffeur

balıkçı

visser

temizlikçi

schoonmaakster

çatı ustası

dakdekker

garson

ober

avcı

jager

boyacı

schilder

fırıncı

bakker

elektrikçi

elektricien

inşaatçı

bouwvakker

mühendis

ingenieur

kasap

slager

muslukçu

loodgieter

postacı

postbode

asker

soldaat

mimar

architect

kasiyer

kassier

çiçekçi

bloemist

kuaför

kapper

kondüktör

conducteur

tamirci

monteur

kaptan

kapitein

dişçi

tandarts

bilim insanı

wetenschapper

haham

rabbi

imam

imam

keşiş

monnik

rahip

pastoor

aletler
gereedschap

penseler
tang
çekiç
hamer
tornavida
schroevendraaier
İngiliz anahtarı
moersleutel
el feneri
zaklamp

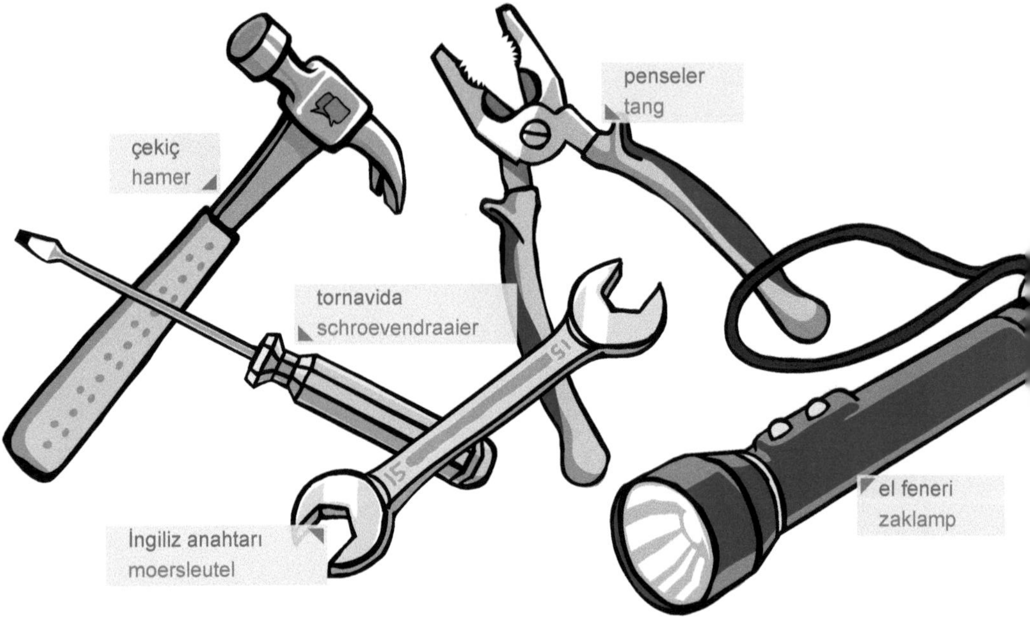

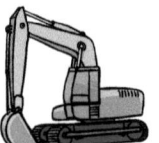

kazı makinesi

graafmachine

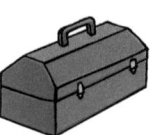

alet çantası

gereedschapskist

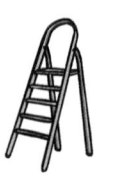

merdiven

ladder

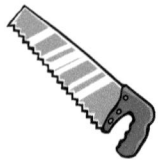

testere

zaag

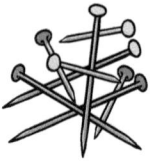

çiviler

spijkers

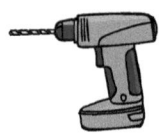

matkap

boor

tamir etmek
repareren

kürek
schep

Kahretsin!
Verdorie!

faraş
stofblik

boya tenekesi
verfpot

vidalar
schroeven

müzik enstrümanı
muziekinstrumenten

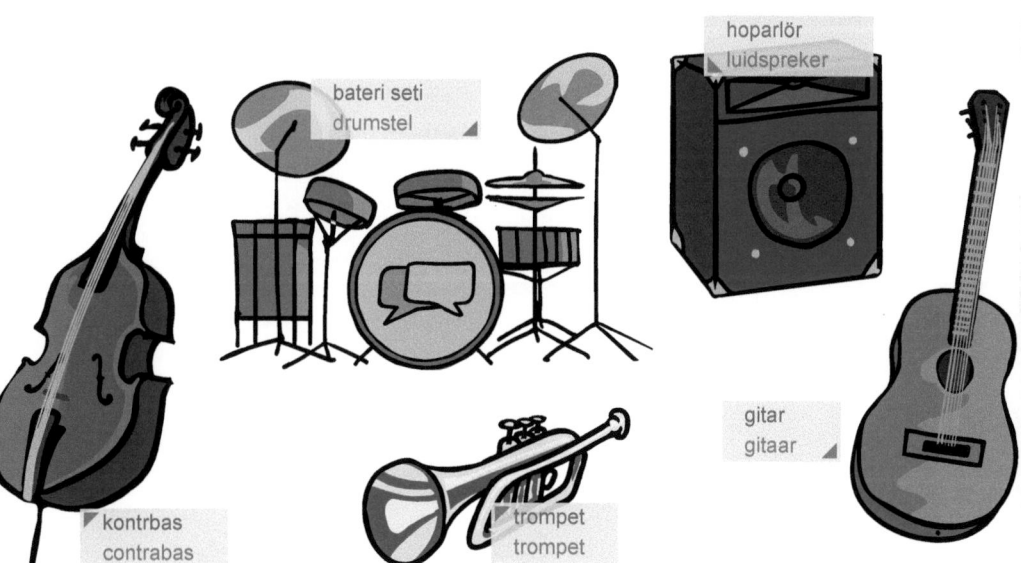

hoparlör
luidspreker

bateri seti
drumstel

gitar
gitaar

kontrbas
contrabas

trompet
trompet

piyano

piano

keman

viool

basgitar

bas

timpani

pauk

bateri

trommel

klavye

keyboard

saksafon

saxofoon

flüt

fluit

mikrofon

microfoon

müzik enstrümanı - muziekinstrumenten

hayvanat bahçesi
dierentuin

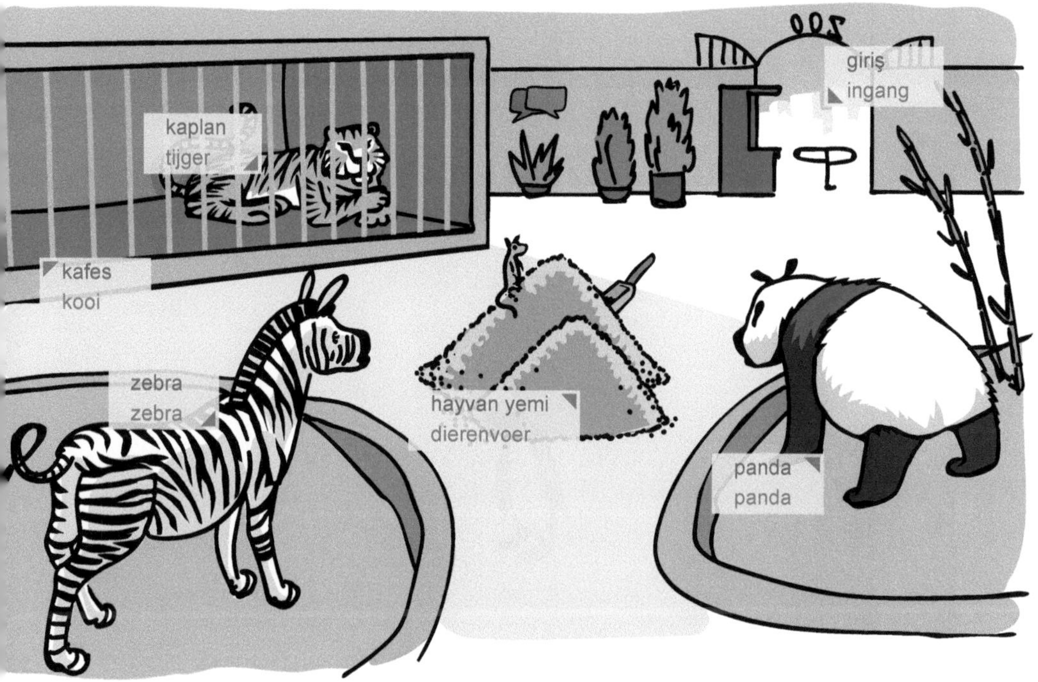
giriş
ingang
kaplan
tijger
kafes
kooi
zebra
zebra
hayvan yemi
dierenvoer
panda
panda

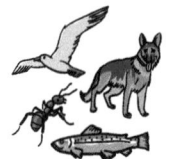

hayvanlar

dieren

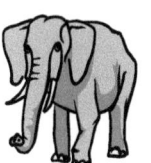

fil

olifant

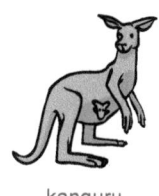

kanguru

kangoeroe

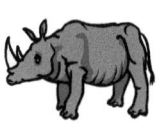

gergedan

neushoorn

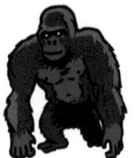

goril

gorilla

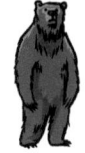

ayı

beer

deve

kameel

deve kuşu

struisvogel

aslan

leeuw

maymun

aap

flamingo

flamingo

papağan

papegaai

kutup ayısı

ijsbeer

penguen

pinguïn

köpek balığı

haai

tavus kuşu

pauw

yılan

slang

timsah

krokodil

hayvanat bahçesi görevlisi

dierenverzorger

fok

zeehond

jaguar

jaguar

hayvanat bahçesi - dierentuin

midilli atı

pony

leopar

luipaard

su aygırı

nijlpaard

zürafa

giraffe

kartal

adelaar

yaban domuzu

wild zwijn

balık

vis

kaplumbağa

schildpad

mors

walrus

tilki

vos

ceylan

gazelle

amerikan futbolu
American football

bisiklete binme
wielrennen

tenis
tennis

basketbol
basketbal

yüzme
zwemmen

boks
boksen

buz hokeyi
ijshockey

futbol
voetbal

badminton
badminton

atletizm
atletiek

hentbol
handbal

kayak
skiën

polo
polo

etkinlikler
activiteiten

gülmek
lachen
atlamak
springen
sarılmak
knuffelen
yürümek
lopen
söylemek
zingen
hayal etmek
dromen
dua etmek
bidden
öpmek
kussen

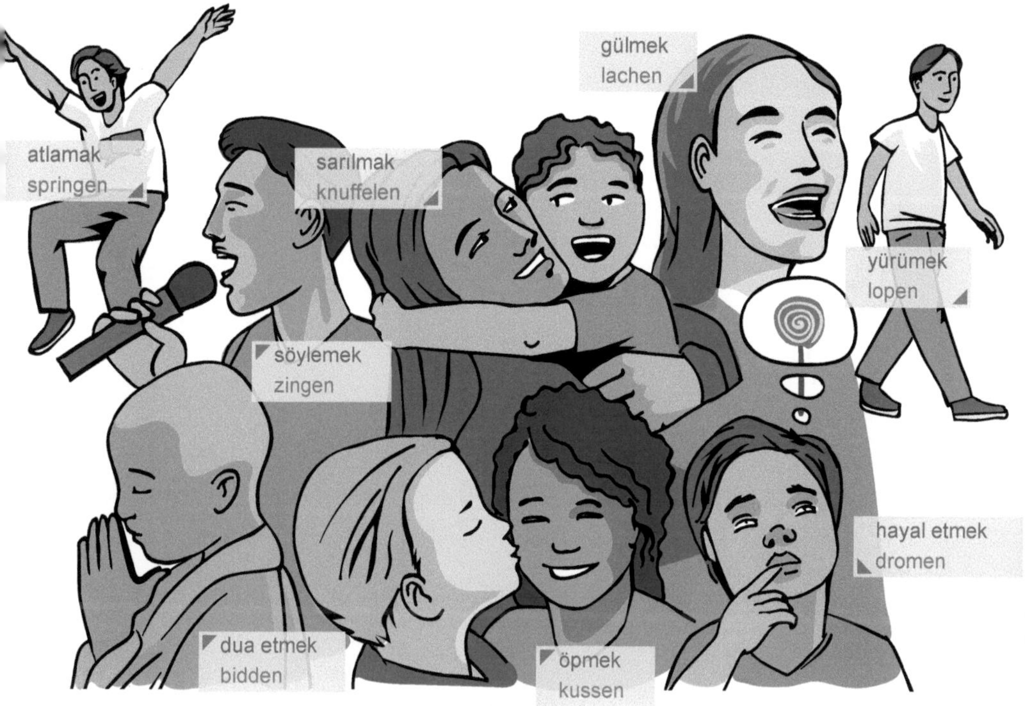

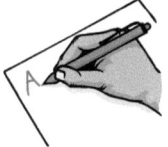

yazmak

schrijven

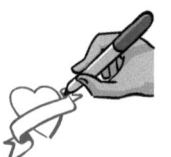

çizmek

tekenen

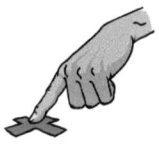

göstermek

tonen

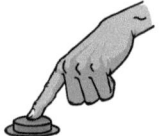

itmek

duwen

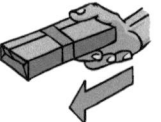

vermek

geven

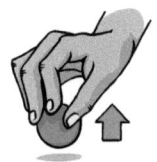

almak

oppakken

sahip olmak

hebben

yapmak

doen

olmak

zijn

ayakta durmak

staan

koşmak

rennen

çekmek

trekken

atmak

gooien

düşmek

vallen

yalan söylemek

liggen

beklemek

wachten

taşımak

dragen

oturmak

zitten

giyinmek

aankleden

uyumak

slapen

uyanmak

wakker worden

bakmak

bekijken

ağlamak

huilen

vurmak

strelen

taramak

kammen

konuşmak

praten

anlamak

begrijpen

sormak

vragen

dinlemek

horen

içmek

drinken

yemek

eten

düzenlemek

opruimen

sevmek

houden van

pişirmek

koken

sürmek

rijden

uçmak

vliegen

denize açılmak

zeilen

hesapla

rekenen

okumak

lezen

öğrenmek

leren

çalışmak

werken

evlenmek

trouwen

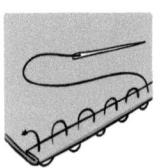

dikmek

naaien

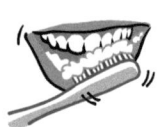

diş fırçalamak

tandenpoetsen

öldürmek

doden

sigara içmek

roken

yollamak

verzenden

büyükanne
grootmoeder

büyükbaba
grootvader

baba
vader

anne
moeder

bebek
baby

kız
dochter

oğul
zoon

misafir

gast

teyze

tante

amca

oom

erkek kardeş

broer

kız kardeş

zus

vücut
lichaam

alın
voorhoofd
göz
oog
omuz
schouder
parmak
vinger
yüz
gezicht
çene
kin
el
hand
bacak
been
göğüs
borst
kol
arm

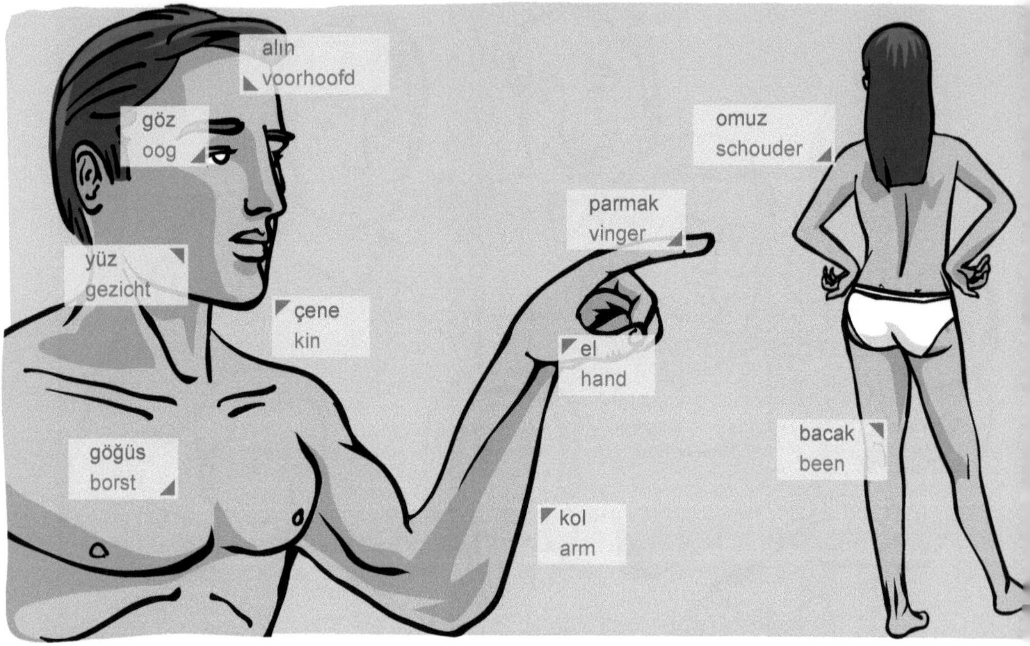

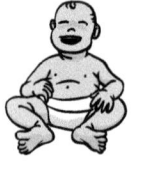

bebek
baby

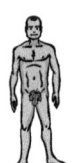

adam
man

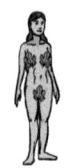

kadın
vrouw

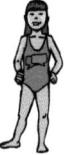

kız
meisje

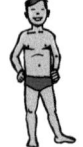

erkek çocuk
jongen

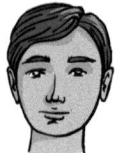

baş
hoofd

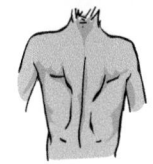

sırt

rug

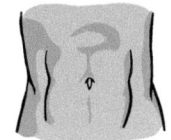

karın

buik

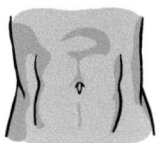

göbek

navel

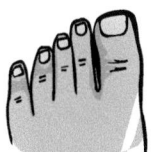

ayak parmağı

teen

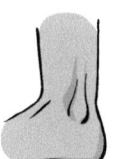

topuk

hiel

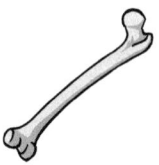

kemik

bot

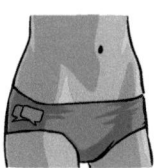

kalça

heup

diz

knie

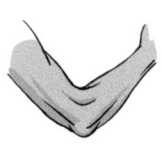

dirsek

elleboog

burun

neus

kalça

achterwerk

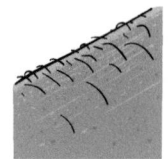

deri

huid

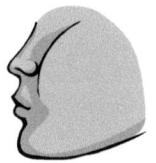

yanak

wang

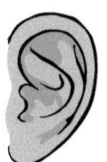

kulak

oor

dudak

lippen

ağız

mond

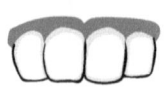

diş

tand

dil

tong

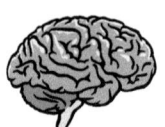

beyin

hersenen

kalp

hart

kas

spier

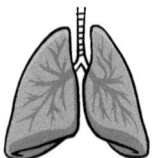

akciğer

long

karaciğer

lever

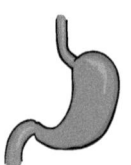

mide

maag

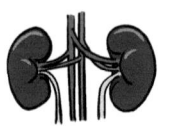

böbrekler

nieren

seks

geslachtsgemeenschap

prezervatif

condoom

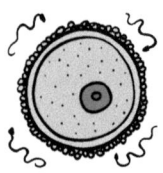

yumurtalık

eicel

sperm

sperma

hamilelik

zwangerschap

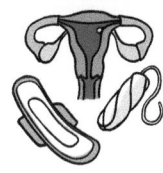

regl

menstruatie

vajina

vagina

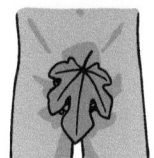

penis

penis

kaş

wenkbrauw

saç

haar

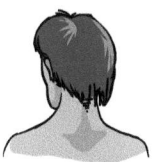

boyun

hals

hastane
ziekenhuis

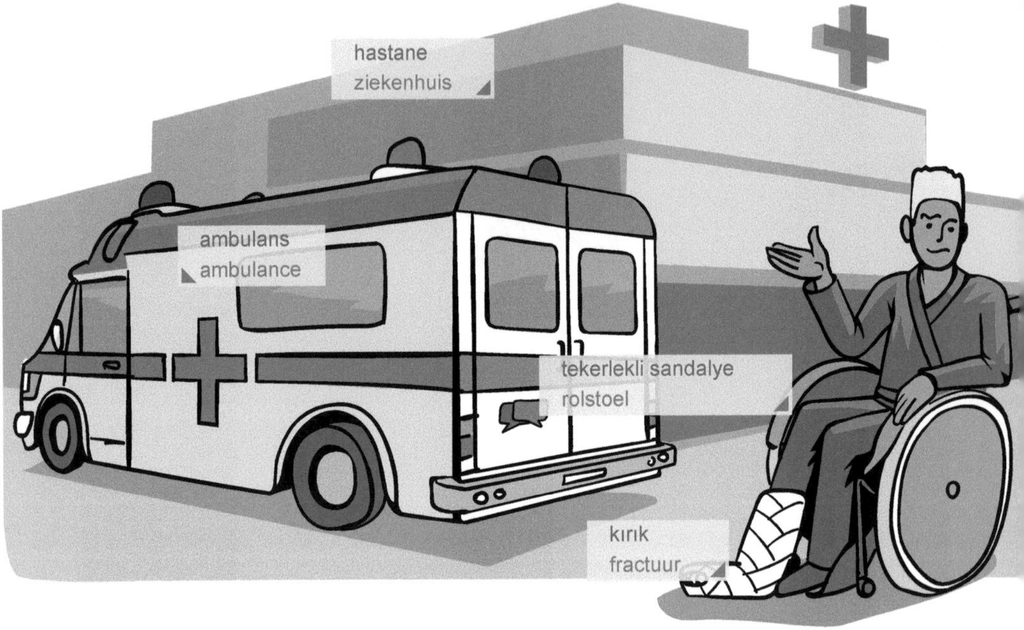

hastane
ziekenhuis
ambulans
ambulance
tekerlekli sandalye
rolstoel
kırık
fractuur

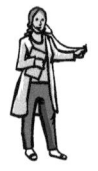

doktor

dokter

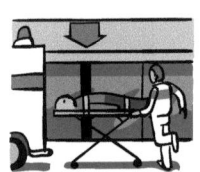

acil servis

EHBO

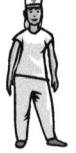

hemşire

verpleegster

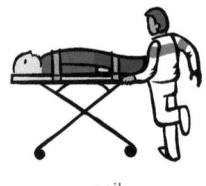

acil

noodgeval

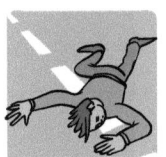

baygın

bewusteloos

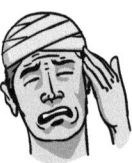

acı

pijn

yaralanma

verwonding

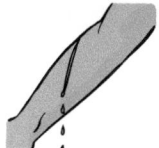

kanama

bloeding

kalp krizi

hartaanval

felç

beroerte

alerji

allergie

öksürük

hoest

ateş

koorts

grip

griep

ishal

diarree

baş ağrısı

hoofdpijn

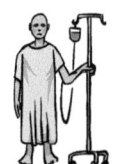

kanser

kanker

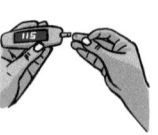

şeker hastalığı

diabetes

cerrah

chirurg

neşter

scalpel

operasyon

operatie

bilgisayarlı tomografi

CT

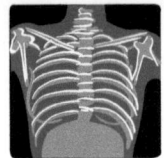

röntgen

röntgen

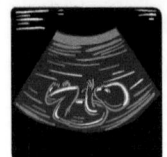

ultrason

echografie

yüz maskesi

gezichtsmasker

hastalık

ziekte

bekleme odası

wachtkamer

koltuk değneği

kruk

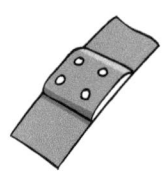

yara bandı

pleister

bandaj

verband

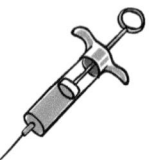

enjeksiyon

injectie

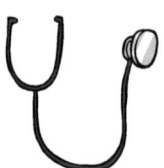

steteskop

stethoscoop

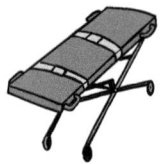

sedye

brancard

tıbbi termometre

thermometer

doğum

geboorte

fazla kilo

overgewicht

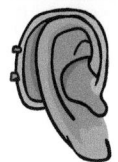		
işitme cihazı	dezenfektan	enfeksiyon
gehoorapparaat	ontsmettingsmiddel	infectie

virüs	HIV / AIDS	ilaç
virus	HIV / AIDS	medicijn
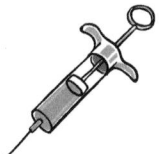	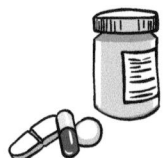	
aşı	tablet	hap
inenting	tabletten	pil

acil çağrı	tansiyon aleti	hasta / sağlıklı
alarmnummer	bloeddrukmeter	ziek / gezond

İmdat!
Help!

alarm
alarm

darp
overval

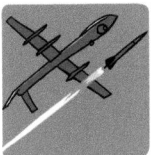

saldırı
aanval

tehlike
gevaar

acil çıkış
nooduitgang

Yangın!
Brand!

yangın tüpü
brandblusser

kaza
ongeluk

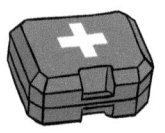

ilk yardım çantası
EHBO-koffer

imdat
SOS

polis
politie

Avrupa

Europa

Kuzey Amerika

Noord-Amerika

Güney amerika

Zuid-Amerika

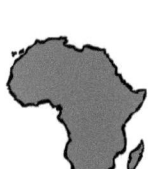

Afrika

Afrika

Asya

Azië

Avustralya

Australië

Atlantik

Atlantische Oceaan

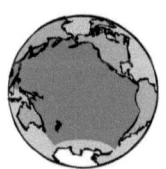

Pasifik

Stille Oceaan

Hint Okyanusu

Indische Oceaan

Antarktika Okyanusu

Zuidelijke Oceaan

Arktik Okyanusu

Noordelijke IJszee

Kuzey Kutbu

Noordpool

Güney Kutbu

Zuidpool

Antarktika

Antarctica

dünya

aarde

kara

land

deniz

zee

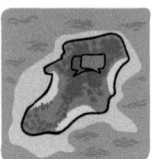

ada

eiland

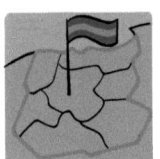

ulus

natie

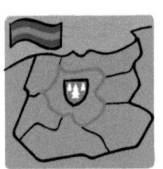

ülke

staat

kadran

wijzerplaat

akrep

uurwijzer

yelkovan

minutenwijzer

saniye ibresi

secondewijzer

Saat kaç?

Hoe laat is het?

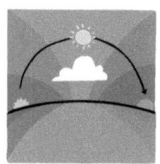

gün

dag

zaman

tijd

şimdi

nu

dijital saat

digitaal horloge

dakika

minuut

saat

uur

hafta
week

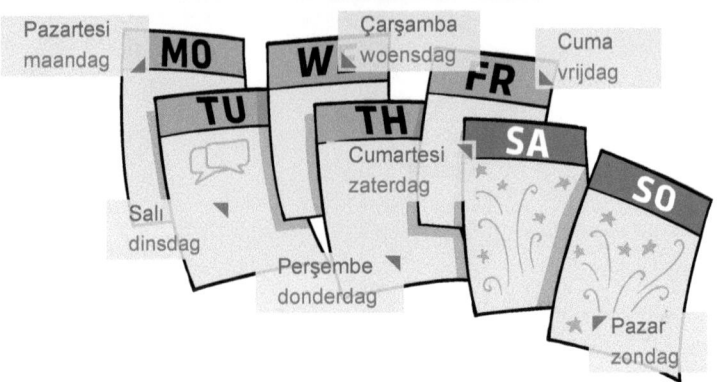

Pazartesi
maandag

Salı
dinsdag

Çarşamba
woensdag

Perşembe
donderdag

Cumartesi
zaterdag

Cuma
vrijdag

Pazar
zondag

dün

gisteren

bugün

vandaag

yarın

morgen

sabah

ochtend

öğle

middag

akşam

avond

iş günleri

werkdagen

hafta sonu

weekend

yıl

jaar

yağmur
regen
gökkuşağı
regenboog
rüzgar
wind
kara
sneeuw
bahar
voorjaar
sonbahar
herfst
yaz
zomer
kış
winter

4.APRIL 11°
5.APRIL 4°
6.APRIL 13°
7.APRIL 8°
8.APRIL 10°

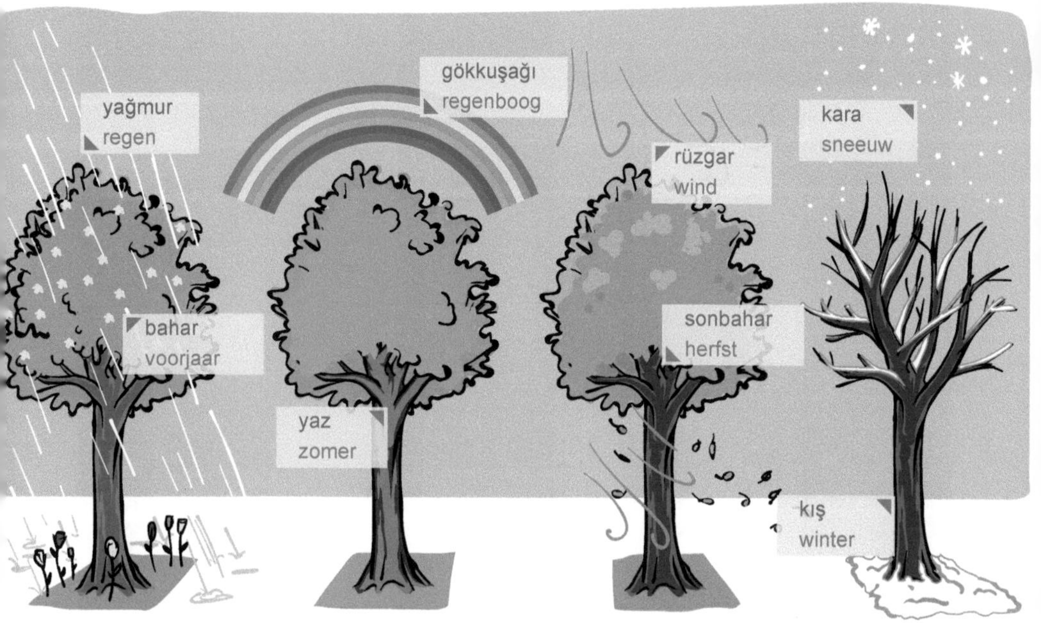

hava durumu tahmini

weerbericht

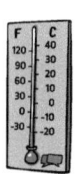

termometre

thermometer

güneş ışığı

zonneschijn

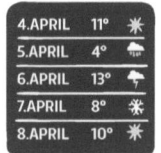

bulut

wolk

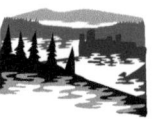

sis

mist

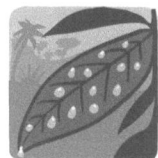

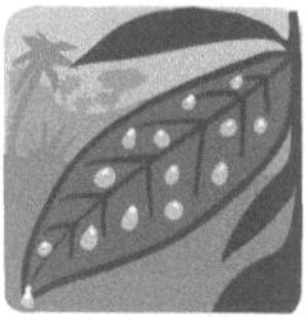

nem

luchtvochtigheid

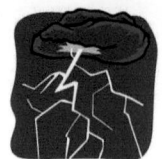

şimşek

bliksem

gök gürültüsü

donder

fırtına

storm

dolu

hagel

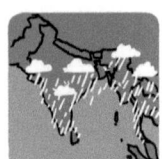

muson

moesson

sel

overstroming

buz

ijs

Ocak

januari

Şubat

februari

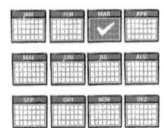

Mart

maart

Nisan

april

Mayıs

mei

Haziran

juni

Temmuz

juli

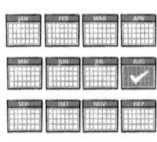

Ağustos

augustus

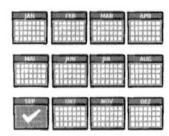

Eylül
....
september

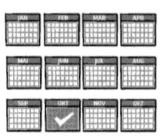

Ekim
....
oktober

Kasım
....
november

Aralık
....
december

şekiller
vormen

daire
....
cirkel

kare
....
vierkant

dikdörtgen
....
rechthoek

üçgen
....
driehoek

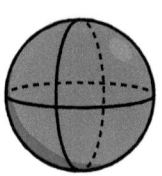

küre
....
bol

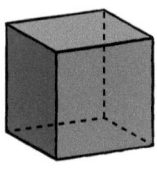

küp
....
kubus

beyaz

wit

sarı

geel

turuncu

oranje

pembe

roze

kırmızı

rood

mor

paars

mavi

blauw

yeşil

groen

kahverengi

bruin

gri

grijs

siyah

zwart

çok / az
....
veel / weinig

kızgın / sakin
....
boos / rustig

güzel / çirkin
....
mooi / lelijk

başlangıç / son
....
begin / einde

büyük / küçük
....
groot / klein

parlak / karanlık
....
licht / donker

erkek kardeş / kız kardeş
....
broer / zus

temiz / kirli
....
schoon / vies

tamam / eksik
....
volledig / onvolledig

gün / gece
....
dag/ nacht

ölü / canlı
....
dood / levend

geniş / dar
....
breed / smal

yenilebilir / yenilemez

eetbaar / oneetbaar

kötü / iyi

gemeen / aardig

heyecanlı / sıkılmış

opgewonden / verveeld

şişman / zayıf

dik / dun

ilk / son

eerste / laatste

dost / düşman

vriend / vijand

dolu / boş

vol / leeg

sert / yumuşak

hard / zacht

ağır / hafif

zwaar / licht

açlık / susuzluk

honger / dorst

hasta / sağlıklı

ziek / gezond

yasa dışı / yasal

illegaal / legaal

zeki / aptal

intelligent / dom

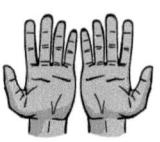

sol / sağ

links / rechts

yakın / uzak

dichtbij / ver

yeni / kullanılmış

nieuw / gebruikt

hiçbir şey / bir şey

niets / iets

yaşlı / genç

oud / jong

açma / kapama

aan / uit

açık / kapalı

open / gesloten

sessiz / gürültülü

zacht / luid

zengin / fakir

rijk / arm

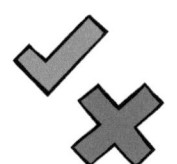

doğru / yanlış

goed / fout

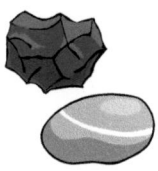

pürüzlü / düz

ruw / glad

üzgün / mutlu

verdrietig / gelukkig

kısa / uzun

kort / lang

yavaş / hızlı

langzaam / snel

ıslak / kuru

nat / droog

sıcak / serin

warm / koel

savaş / barış

oorlog / vrede

0

sıfır

nul

1

bir

één

2

iki

twee

3

üç

drie

4

dört

vier

5

beş

vijf

6

altı

zes

7

yedi

zeven

8

sekiz

acht

9

dokuz

negen

10

on

tien

11

on bir

elf

12

on iki

twaalf

13

on üç

dertien

14

on dört

veertien

15

on beş

vijftien

16

on altı

zestien

17

on yedi

zeventien

18

on sekiz

achttien

19

on dokuz

negentien

20

yirmi

twintig

100

yüz

honderd

1.000

bin

duizend

1.000.000

milyon

miljoen

İngilizce

Engels

Amerikan İngilizcesi

Amerikaans Engels

Çince (Mandarin)

Chinees Mandarijn

Hintçe

Hindi

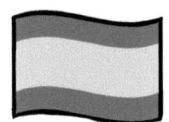

İspanyolca

Spaans

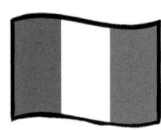

Fransızca

Frans

Arapça

Arabisch

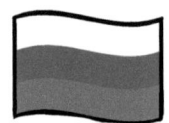

Rusça

Russisch

Portekizce

Portugees

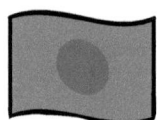

Bengalce

Bengalees

Almanca

Duits

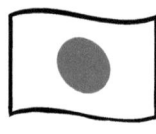

Japonca

Japans

ben
ik

sen
jij

o
hij / zij / het

biz
wij

siz
jullie

onlar
zij

kim?
wie?

ne?
wat?

nasıl?
hoe?

nerede?
waar?

ne zaman?
wanneer?

isim
naam

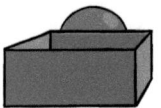

arkasında

achter

içinde

in

önünde

voor

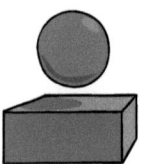

üzerinde

boven

üstünde

op

altında

onder

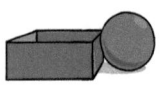

yanında

naast

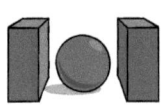

arasında

tussen

yer

plaats